Impressum
Verlag: BABADADA GmbH, Nedderfeld 112 , 22529 Hamburg
Geschäftsführer / Verlagsleitung: Harald Hof
Druck: Books on Demand GmbH, In de Tarpen 42, 22848 Norderstedt

Imprint
Publisher: BABADADA GmbH, Nedderfeld 112 , 22529 Hamburg, Germany
Managing Director / Publishing direction: Harald Hof
Print: Books on Demand GmbH, In de Tarpen 42, 22848 Norderstedt, Germany

escola

школа

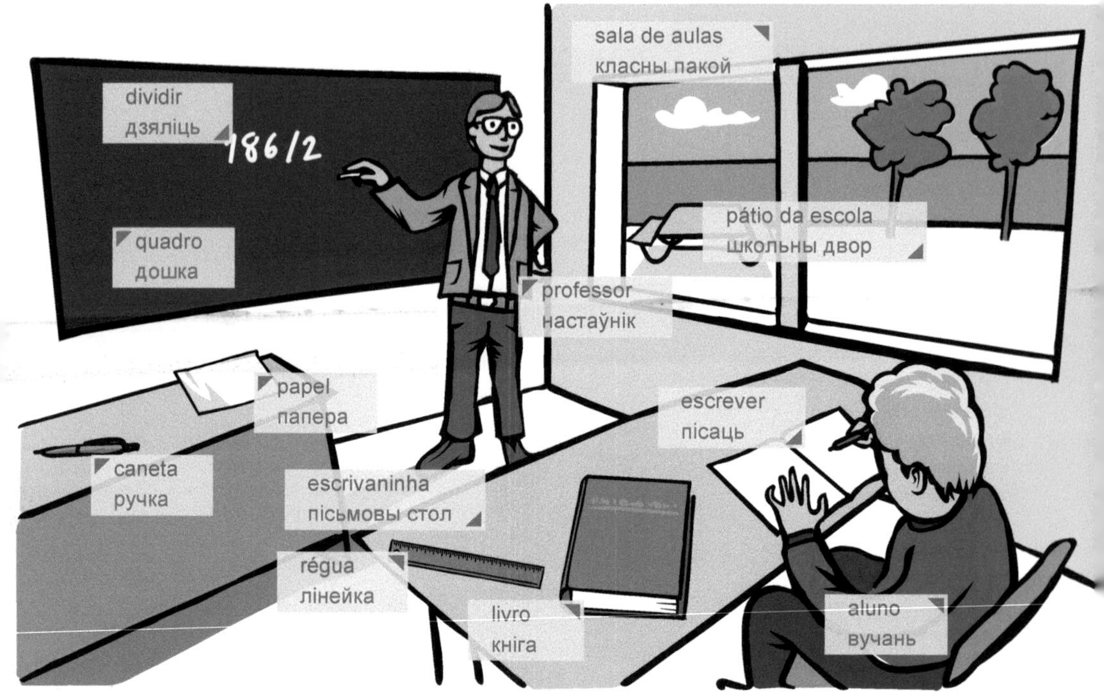
sala de aulas
класны пакой
dividir
дзяліць
186/2
quadro
дошка
pátio da escola
школьны двор
professor
настаўнік
papel
папера
escrever
пісаць
caneta
ручка
escrivaninha
пісьмовы стол
régua
лінейка
livro
кніга
aluno
вучань

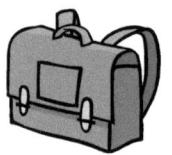

sacola

ранец

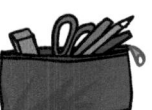

estojo de lápis

пенал

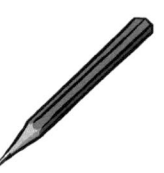

lápis

просты аловак

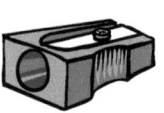

apontador de lápis

тачылка для алоўкаў

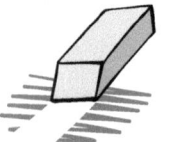

borracha

гумка

bloco de desenho

альбом для малявання

desenho

малюнак

pincel

пэндзлік

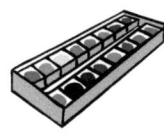

estojo de tintas

фарбы

tesoura

нажніцы

cola

клей

livro de exercícios

сшытак

lição de casa

хатняе заданне

número

лік

somar

дадаваць

subtrair

адымаць

multiplicar

множыць

calcular

лічыць

letra

літара

alfabeto

алфавіт

palavra

слова

texto

тэкст

ler

чытаць

giz

крэйда

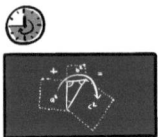

hora

ўрок

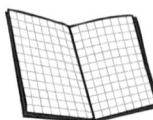

registro da classe

класны журнал

exame

экзамен

certificado

атэстат

uniforme escolar

школьная форма

educação

адукацыя

enciclopédia

энцыклапедыя

universidade

універсітэт

microscópio

мікраскоп

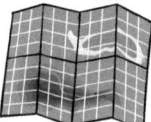

mapa

карта

cesto de lixo

смеццевы кошык

escola - школа

viagem

падарожжа

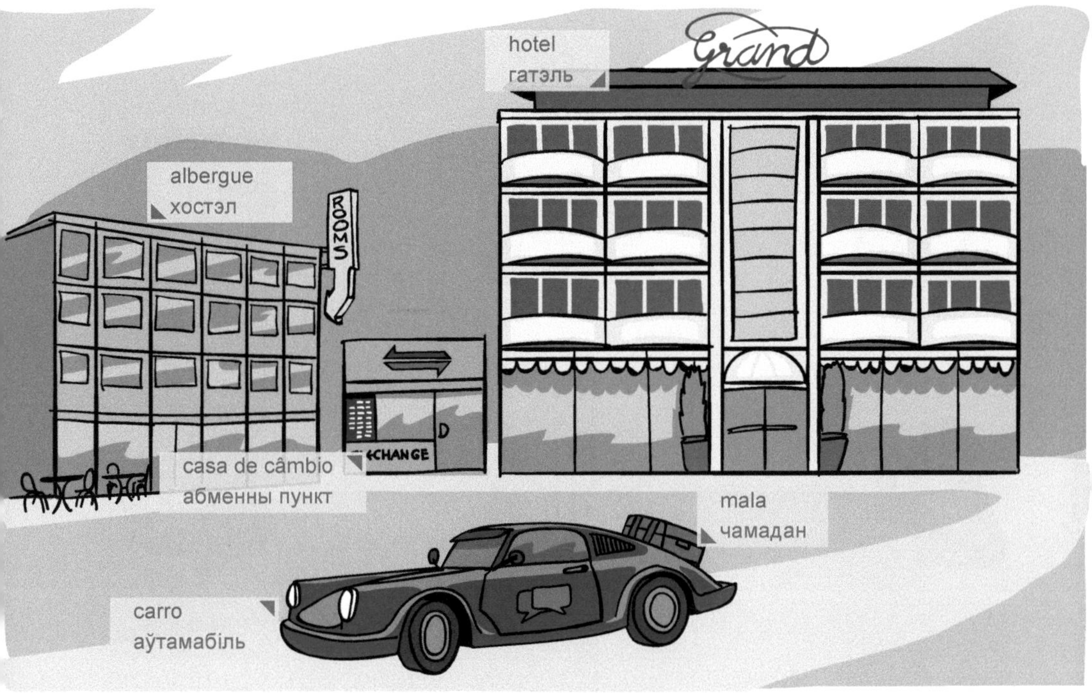
hotel
гатэль
Grand
albergue
хостэл
ROOMS
casa de câmbio
абменны пункт
mala
чамадан
carro
аўтамабіль

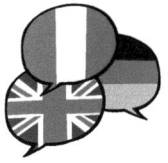

idioma

мова

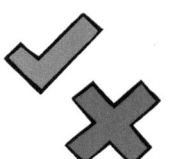

sim / não

так / не

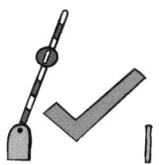

ok

добра

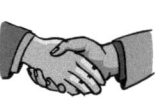

Olá

прывітанне!

tradutor

перакладчык

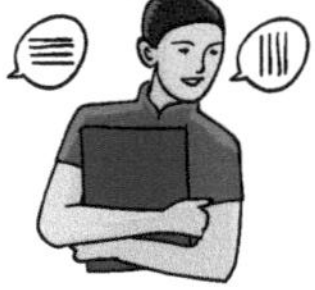

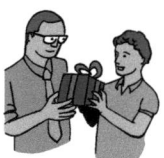

obrigado

дзякуй

quanto custa...?

Колькі каштуе....?

eu não entendo

я не разумею

problema

праблема

boa noite!

Добры вечар!

Bom dia!

Добрай раніцы!

Boa noite!

Дабранач!

até logo

да пабачэння

direção

кірунак

bagagem

багаж

bolsa

сумка

mochila

заплечнік

convidado

госць

quarto

пакой

saco de dormir

спальны мяшок

barraca

палатка

informação turística

інфармацыя для турыстаў

praia

пляж

cartão de crédito

крэдытная картка

café da manhã

снеданне

almoço

абед

jantar

вячэра

bilhete

праязны білет

elevador

ліфт

selo

паштовая марка

fronteira

мяжа

alfândega

мытня

embaixada

пасольства

visto

віза

passaporte

пашпарт

transporte

транспарт

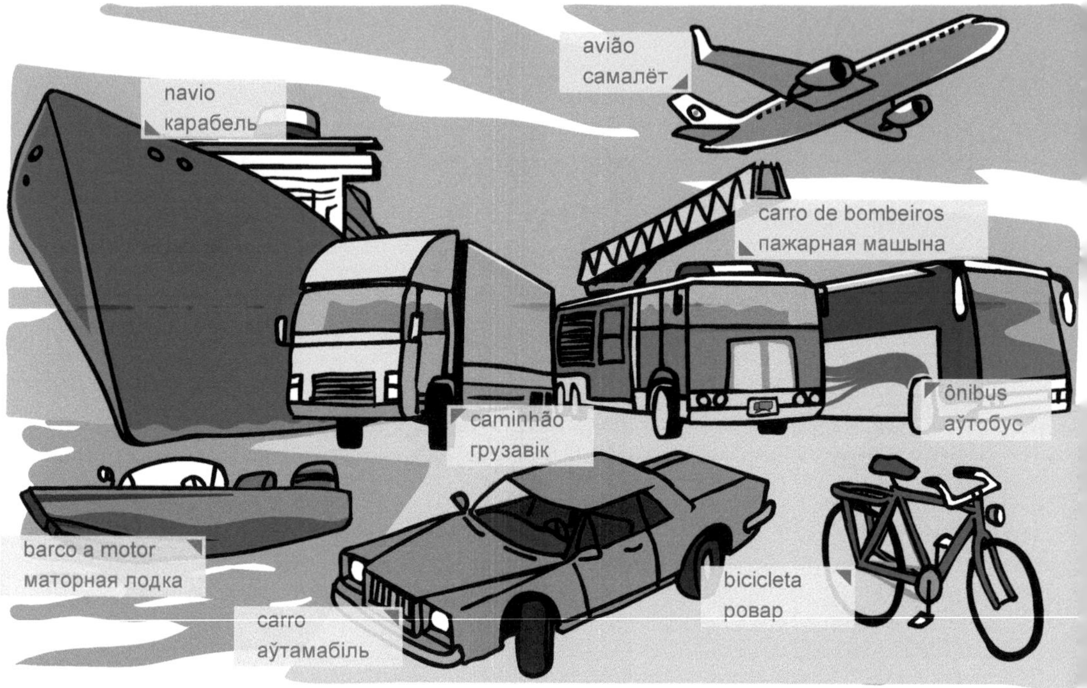
avião
самалёт
navio
карабель
carro de bombeiros
пажарная машына
ônibus
аўтобус
caminhão
грузавік
barco a motor
маторная лодка
bicicleta
ровар
carro
аўтамабіль

balsa

паром

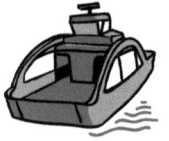

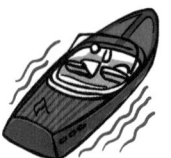

barco

лодка

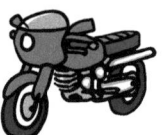

motocicleta

матацыкл

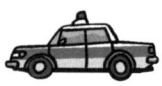

veículo policial

паліцэйская машына

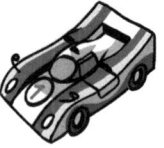

carro de corrida

гоначны аўтамабіль

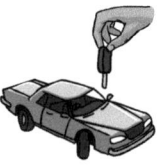

carro de aluguel

арэндаваны аўтамабіль

compartilhamento de
automóvel
....
сумеснае карыстанне
аўтамабілем

caminhão de reboque
....
эвакуатар

caminhão de lixo
....
смеццявоз

motor
....
матор

combustível
....
паліва

posto de gasolina
....
запраўка

placa de trânsito
....
дарожны знак

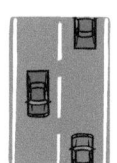

trânsito
....
дарожны рух

trânsito lento
....
затор

estacionamento
....
паркоўка

estação de trem
....
чыгуначная станцыя

trilhos
....
рэйкі

trem
....
цягнік

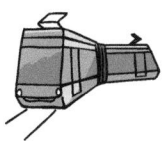

bonde
....
трамвай

vagão
....
вагон

helicóptero

верталёт

aeroporto

аэрапорт

torre

вежа

passageiro

пасажыр

contêiner

кантэйнер

cartolina

кардонная скрыня

carroça

тачка

cesto

карзіна

decolar / pousar

ўзлятаць / прызямляцца

cidade

горад

vilarejo

вёска

centro da cidade

цэнтр горада

casa

дом

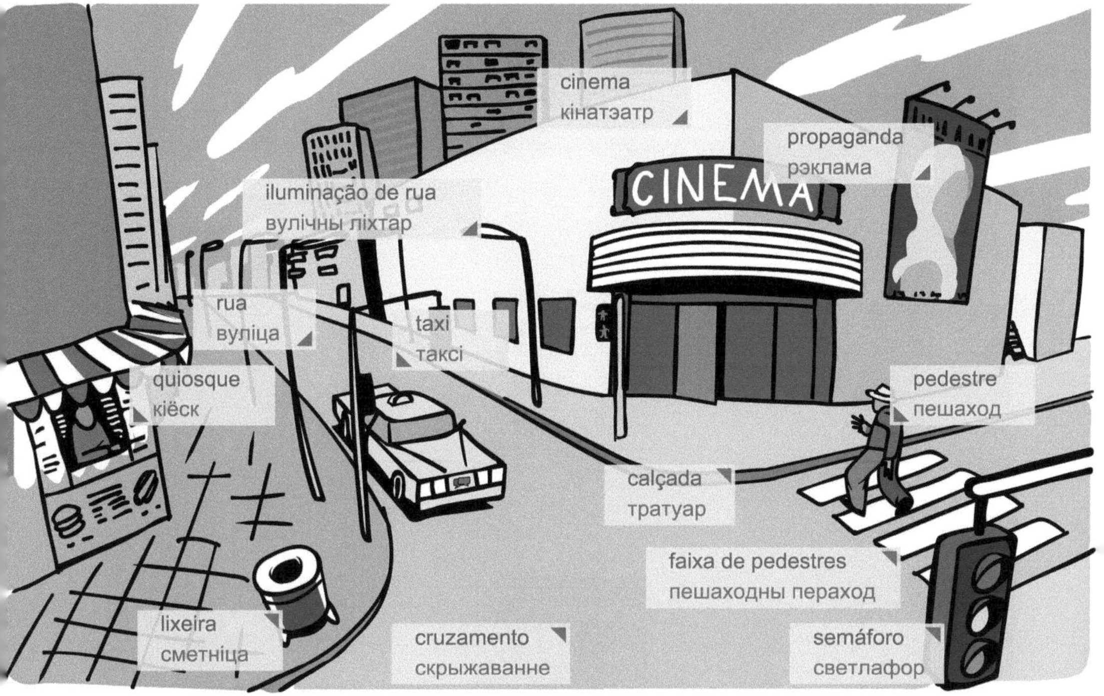

cinema
кінатэатр

propaganda
рэклама

iluminação de rua
вулічны ліхтар

CINEMA

rua
вуліца

taxi
таксі

quiosque
кіёск

pedestre
пешаход

calçada
тратуар

faixa de pedestres
пешаходны пераход

lixeira
сметніца

cruzamento
скрыжаванне

semáforo
светлафор

cabana

халупа

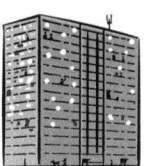

apartamento

кватэра

estação de trem

чыгуначная станцыя

prefeitura

ратуша

museu

музей

escola

школа

universidade

універсітэт

banco

банк

hospital

шпіталь

hotel

гатэль

farmácia

аптэка

escritório

офіс

livraria

кнігарня

loja

крама

floricultura

кветкавая крама

supermercado

супермаркет

mercado

кірмаш

loja de departamentos

універмаг

peixaria

рыбная крама

centro comercial

гандлевы цэнтр

porto

порт

parque

парк

banco

лава

ponte

мост

escadas

лесвіца

metrô

метро

túnel

тунэль

ponto de ônibus

прыпынак

bar

бар

restaurante

рэстаран

caixa de correspondência

паштовая скрыня

placa de rua

вулічны паказальнік

parquímetro

паркамат

zoológico

заапарк

piscina

басейн

mesquita

мячэць

fazenda
сядзіба

poluição
забруджванне
навакольнага асяроддзя

cemitério
могілкі

igreja
царква

parquinho
пляцоўка для гульні

templo
храм

paisagem
краявід

folha
ліст

placa de sinalização
паказальнік

caminho
дарога

gramado
луг

pedra
камень

árvore
дрэва

caminhantes
падарожнік

rio
рака

grama
трава

flor
кветка

vale

даліна

montanha

гара

lago

возера

floresta

лес

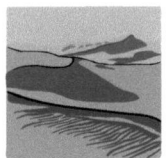

deserto

пустыня

vulcão

вулкан

castelo

замак

arco-íris

вясёлка

cogumelo

грыб

palmeira

пальма

mosquito

камар

mosca

муха

formiga

мурашка

abelha

пчала

aranha

павук

besouro

жук

sapo

жаба

esquilo

вавёрка

ouriço

вожык

lebre

заяц

coruja

сава

pássaro

птушка

cisne

лебедзь

javali

дзік

veado

алень

alce

лось

barragem

плаціна

aerogerador

вятрак

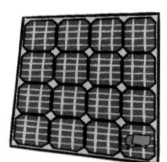

painel solar

сонечная батарэя

clima

клімат

restaurante
рэстаран

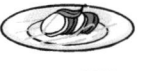

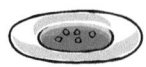

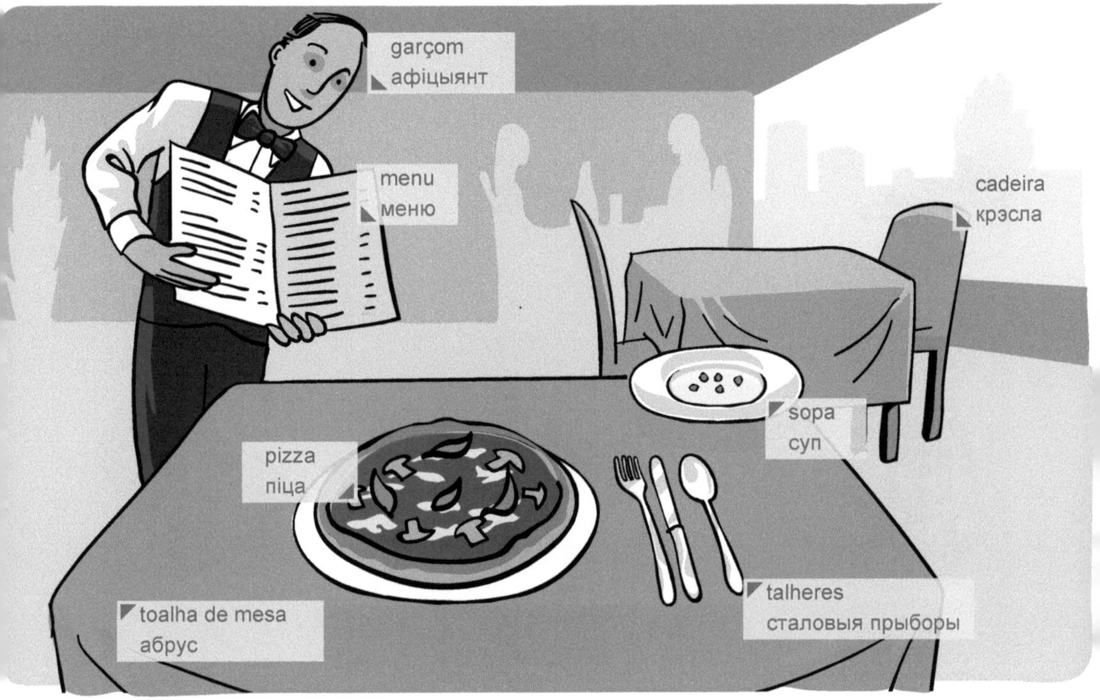
garçom
афіцыянт
menu
меню
cadeira
крэсла
sopa
суп
pizza
піца
talheres
сталовыя прыборы
toalha de mesa
абрус

entrada

закуска

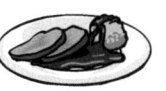

prato principal

другая страва

sobremesa

дэсерт

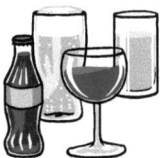

bebidas

напоі

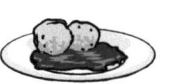

comida

ежа

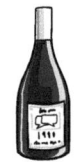

garrafa

бутэлька

fastfood

хуткае харчаванне (фаст-
фуд)

comida de rua

стрыт-фуд

bule de chá

імбрык (чайнік)

açucareiro

цукарніца

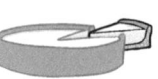

porção

порцыя

máquina de expresso

эспрэса-машына

cadeirão

дзіцячае крэселка

conta

рахунак

bandeja

паднос

faca

нож

garfo

відэлец

colher

лыжка

colher de chá

чайная лыжка

guardanapo

сурвэтка

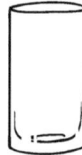

copo

шклянка

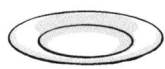

prato

талерка

prato de sopa

супавая талерка

pires

сподак

molho

соус

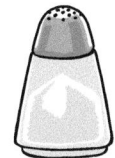

saleiro

сальніца

moedor de pimenta

млынок для перцу

vinagre

воцат

óleo

алей

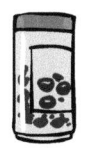

especiarias

спецыі

ketchup

кетчуп

mostarda

гарчыца

maionese

маянэз

supermercado

супермаркет

oferta especial
акцыя
FOR
cliente
пакупнік
laticínios
малочныя прадукты
frutas
садавіна
carrinho de compras
вазок

BUTCHERS

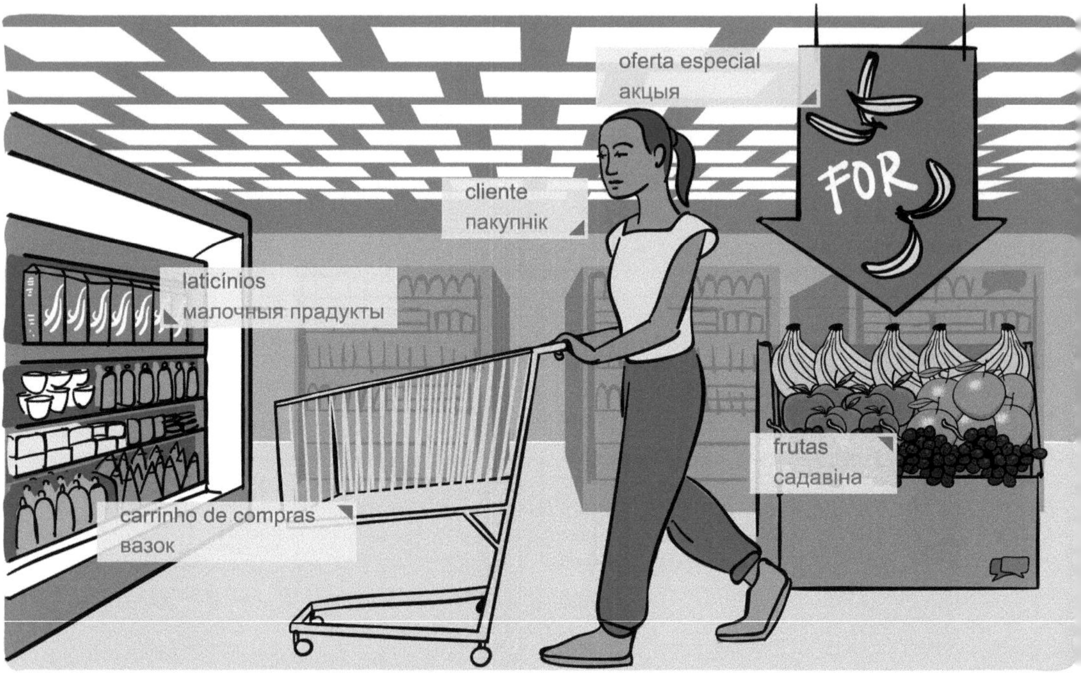

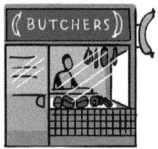

açougue

мясная крама

BAKERY

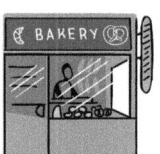

padaria

хлебны магазін

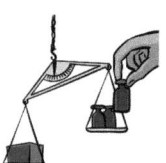

pesar

важыць

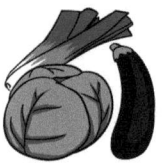

legumes

гароднiна

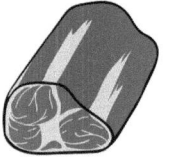

carne

мяса

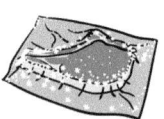

congelados

свежазамарожаныя прадукты

charcutaria

нарэзка

conservas

кансервы

detergente em pó

пральны парашок

doces

прысмакі

artigos domésticos

хатнія прылады

produtos de limpeza

чысцячы сродак

vendedora

прадавец

caixa

каса

caixa

касір

lista de compras

спіс пакупак

horário de funcionamento

гадзіны працы

carteira

бумажнік

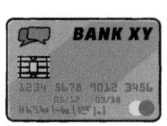

cartão de crédito

крэдытная картка

sacola

сумка

saco plástico

пакет

supermercado - супермаркет

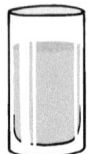

água

вада

suco

сок

leite

малако

coca-cola

кола

vinho

віно

cerveja

піва

álcool

алкаголь

cacau

какава

chá

гарбата (чай)

café

кава

expresso

эспрэса

cappuccino

капучына

banana

банан

maçã

яблык

laranja

апельсін

melão

дыня

limão

лімон

cenoura

морква

alho

часнок

bambu

бамбук

cebola

цыбуля

cogumelo

грыб

nozes

арэхі

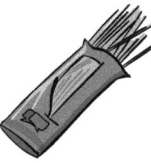

macarrão

локшына

espaguete

спагеці

arroz

рыс

salada

салата

batatas fritas

бульба фры

batatas frias

смажаная бульба

pizza

піца

hambúrger

гамбургер

sanduíche

бутэрброд

escalope

шніцаль

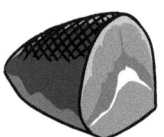

presunto

вяндліна

salame

салямі

salsicha

каўбаса

galinha

курыца

assado

смажаніна

peixe

рыбак

flocos de aveia

аўсяныя камякі

granola

мюслі

flocos de milho

кукурузныя шматкі

farinha

мука

croissant

круасан

pãozinho

булачка

pão

хлеб

torrada

тост

biscoitos

пячэнне

manteiga

масла

requeijão

тварог

bolo

пірог

ovo

яйка

ovo frito

яечня

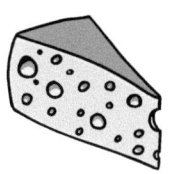

queijo

сыр

sorvete

марожанае

açúcar

цукар

mel

мёд

geleia

варэнне

creme de avelãs

нуга

curry

кары

fazenda
сядзіба

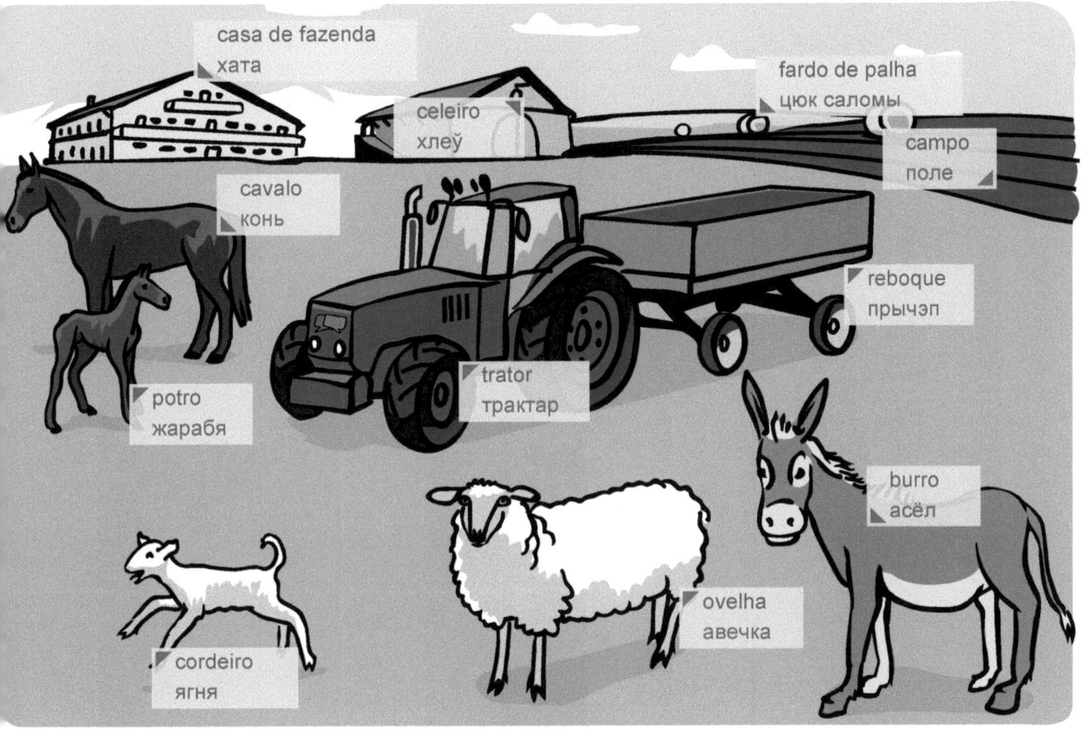
casa de fazenda
хата
fardo de palha
цюк саломы
celeiro
хлеў
campo
поле
cavalo
конь
reboque
прычэп
trator
трактар
potro
жарабя
burro
асёл
ovelha
авечка
cordeiro
ягня

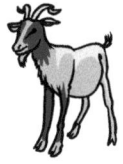

cabra
каза

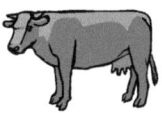

vaca
карова

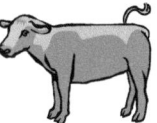

bezerro
цяля

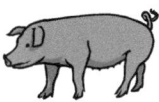

porco
свіння

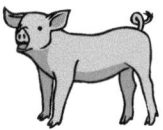

leitão
парася

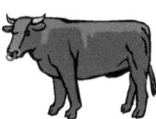

touro
бык

ganso

гусак

pato

качка

pintinho

кураня

galinha

курыца

galo

певень

ratazana

пацук

gato

кот

camundongo

мыш

boi

вол

cachorro

сабака

casinha do cachorro

сабачая будка

mangueira de jardim

садовы шланг

regador

палівачка

foice

каса

arado

плуг

foice

серп

enxada

матыка

forquilha

вілы для гною

machado

сякера

carrinho de mão

тачка

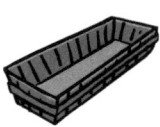

manjedoura

карыта

jarra de leite

бітон для малака

saco

мех

cerca

плот

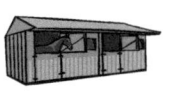

estábulo

хлеў

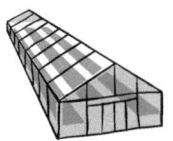

estufa

цяпліца

solo

глеба

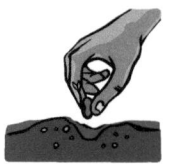

semente

насенне

fertilizante

угнаенне

colheitadeira

камбайн

colher

збіраць ураджай

colheita

ураджай

inhame

ямс

trigo

пшаніца

soja

соя

batata

бульба

milho

кукуруза

colza

рапс

árvore frutífera

садовае дрэва

mandioca

маніёк

cereais

збожжа

chaminé
комін

telhado
дах

calhas de chuva
вадасцёк

janela
акно

garagem
гараж

campainha da porta
званок

porta
дзверы

lata de lixo
вядро для смецця

caixa de correspondência
паштовая скрыня

jardim
сад

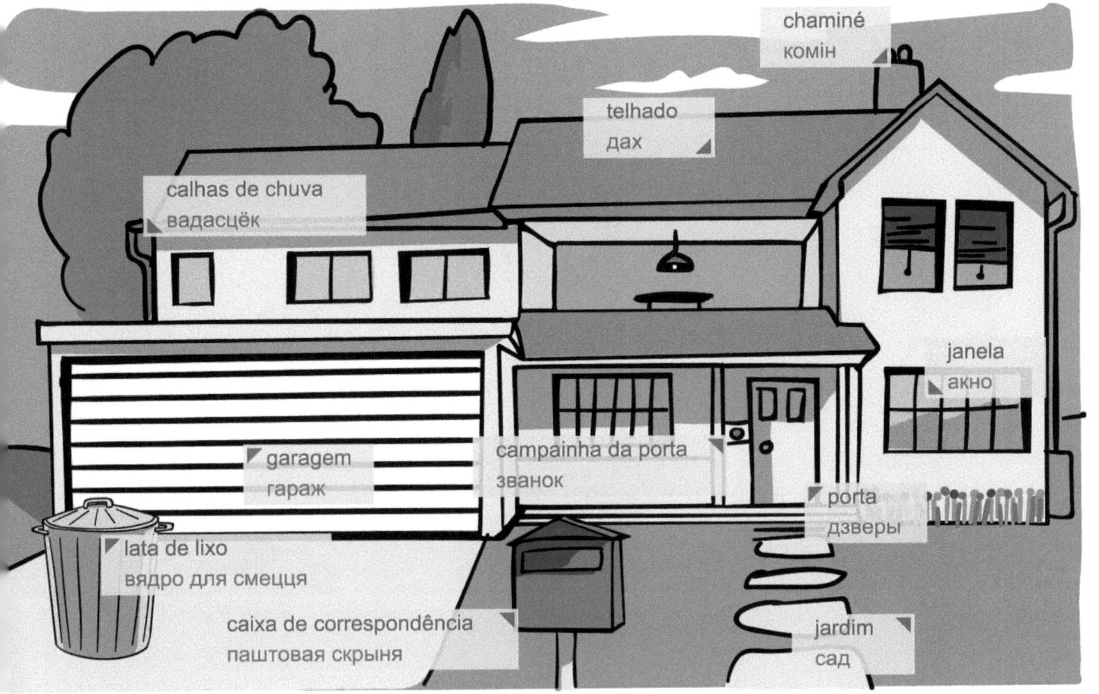

sala de estar

жылы пакой

banheiro

ванная

cozinha

кухня

quarto de dormir

спальны пакой

quarto de criança

дзіцячы пакой

sala de jantar

сталоўка

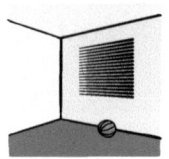

chão

падлога

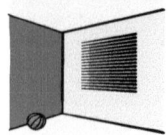

parede

сцяна

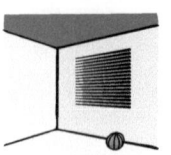

teto

столь

porão

падвал

sauna

саўна

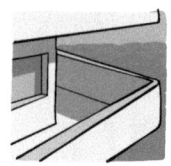

varanda

балкон

terraço

тэраса

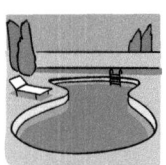

piscina

басейн

cortador de grama

касілка

lençol

падкоўдранік

coberta

коўдра

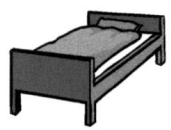

cama

ложак

vassoura

венік

balde

вядро

interruptor

выключальнік

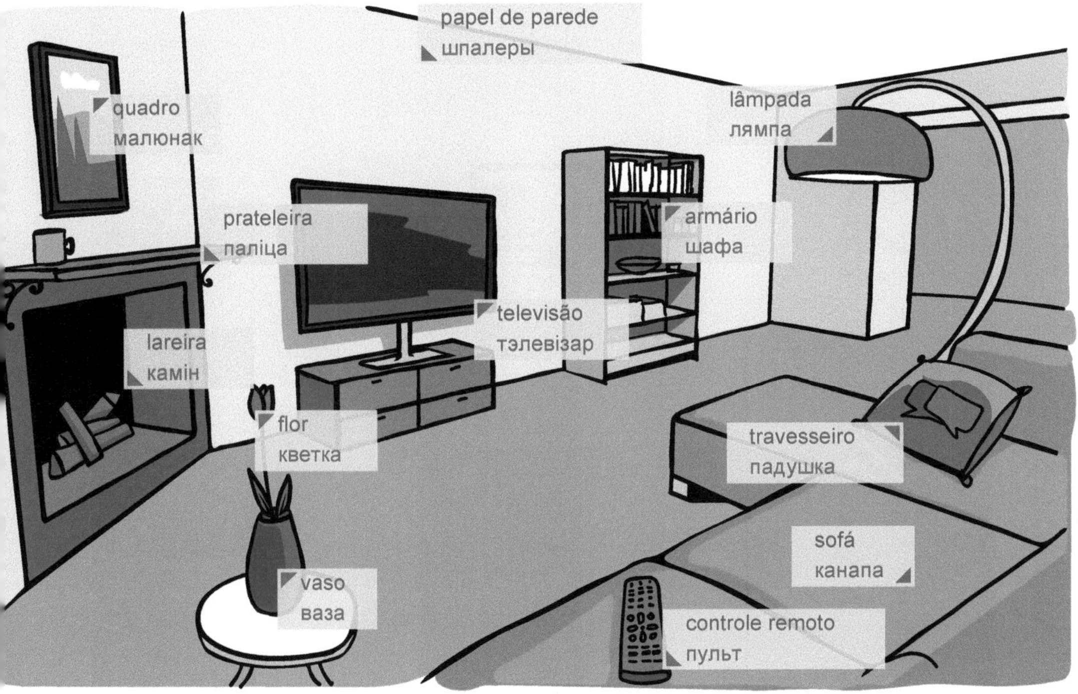

papel de parede
шпалеры

quadro
малюнак

lâmpada
лямпа

prateleira
паліца

armário
шафа

televisão
тэлевізар

lareira
камін

flor
кветка

travesseiro
падушка

sofá
канапа

vaso
ваза

controle remoto
пульт

tapete
дыван

cortina
фіранка

mesa
стол

cadeira
крэсла

cadeira de balanço
крэсла-качалка

poltrona
крэсла

livro

кніга

cobertor

коўдра

decoração

дэкарацыя

lenha

дровы

filme

кіно

equipamento de som

стэрэасістэма

chave

ключ

jornal

газета

pintura

карціна

pôster

постар

rádio

радыё

bloco de notas

нататнік

aspirador

пыласос

cacto

кактус

vela

свечка

cozinha

кухня

geladeira
халадзільнік
microondas
мікрахвалёвая печ
balança de cozinha
кухонныя шалі
tostadeira
тостар
detergente
мыйны сродак
forno
духоўка
freezer
маразілка
lata de lixo
вядро для смецця
lava-louças
посудамыйная
машына

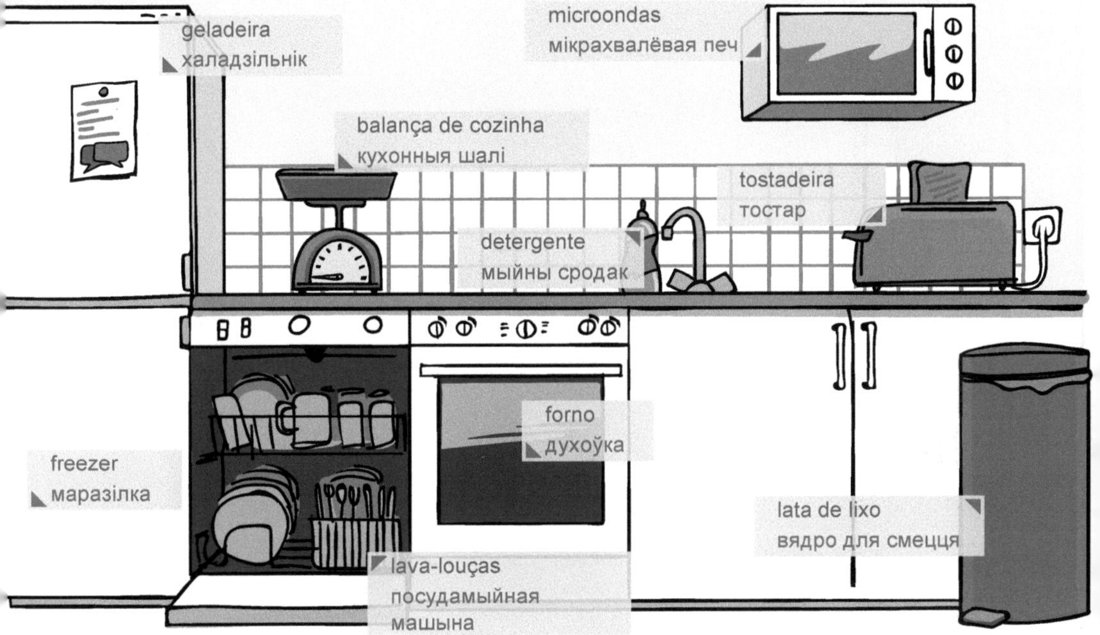

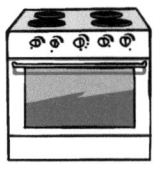

fogão

пліта

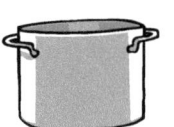

panela

рондаль

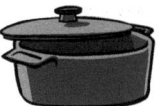

panela de ferro

чыгунок

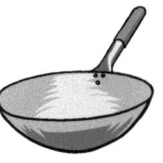

wok / kadai

Вок / кадаі

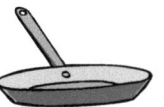

frigideira

патэльня

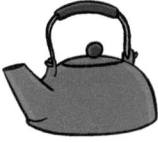

chaleira

чайнік

panela a vapor

параварка

tabuleiro de forno

бляха

louça

посуд

caneca

кубак

caçarola

міска

hashi

палачкі для ежы

concha de sopa

чарпак

espátula

лапатачка

batedor

збівалка

escorredor

сіта для варэння

peneira

сіта

ralador

тарка

almofariz

ступка

churrasqueira

грыль

lareira

вогнішча

tábua de cortar

дошка

rolo da massa

качалка

saca-rolhas

штопар

lata

бляшанка

abridor de latas

адкрывалка

pegador de panela

прыхваткі

pia

ракавіна

escova

шчотка

esponja

губка

liquidificador

міксер

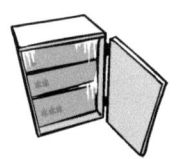

congelador

маразільная камера

mamadeira

бутэлечка

torneira

вадаправодны кран

banheiro

ванная

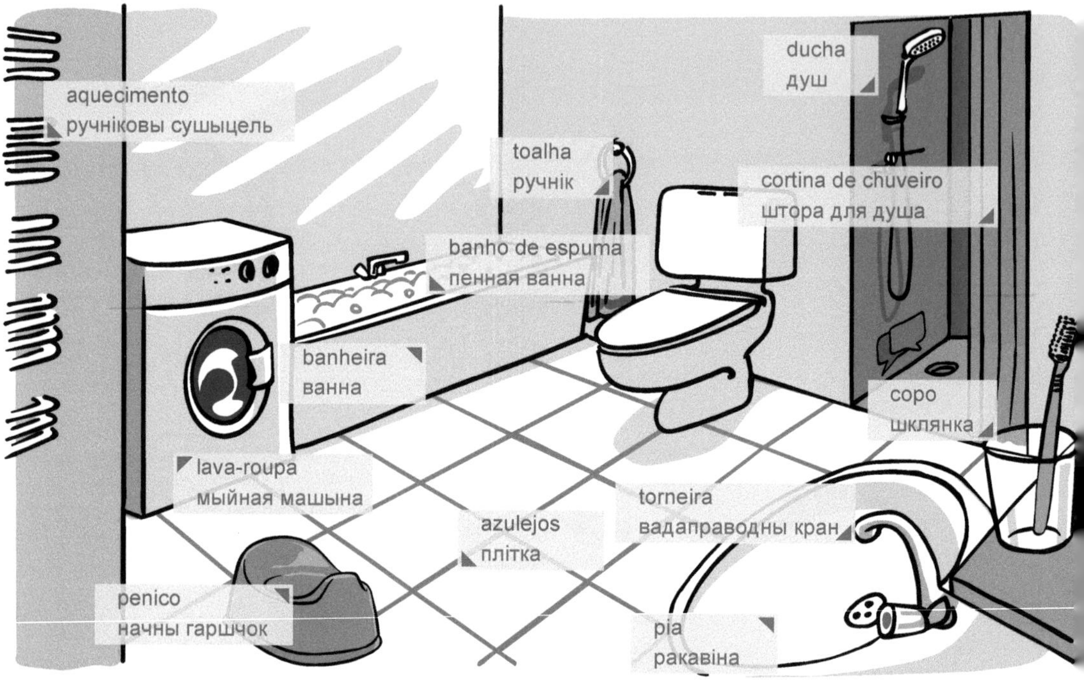
aquecimento
ручніковы сушыцель
toalha
ручнік
ducha
душ
cortina de chuveiro
штора для душа
banho de espuma
пенная ванна
banheira
ванна
copo
шклянка
lava-roupa
мыйная машына
torneira
вадаправодны кран
azulejos
плітка
penico
начны гаршчок
pia
ракавіна

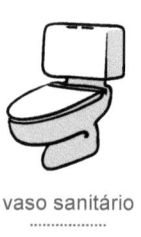

vaso sanitário

туалет

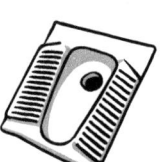

lavabo de agachar

падлогавы ўнітаз

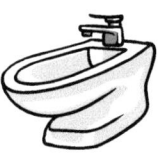

bidê

бідэ

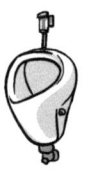

mictório

пісуар

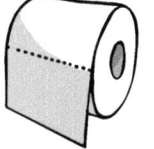

papel higiênico

туалетная папера

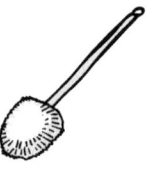

escova de privada

шчотка для чысткі ўнітаза

escova de dentes

зубная шчотка

pasta de dentes

зубная паста

fio dental

зубная нітка

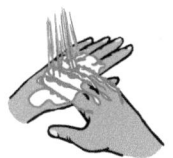

lavar

мыць

ducha de mão

ручны душ

ducha íntima

інтымны душ

bacia

умывальнік

escova para as costas

шчотка для спіны

sabonete

мыла

gel de banho

гель для душа

xampu

шампунь

toalha de rosto

вяхотка

escoamento

вадасцёк

creme

крэм

desodorante

дэзадарант

espelho

люстэрка

espelho de mão

касметычнае люстэрка

barbeador

станок для галення

espuma de barbear

пена для галення

loção pós-barba

ласьён пасля галення

pente

грэбень

escova

шчотка

secador de cabelo

фен

spray de cabelo

лак для валасоў

maquiagem

касметыка

batom

памада

esmalte de unhas

лак для пазногцяў

algodão

вата

tesoura para unhas

манікюрныя нажніцы

perfume

духі

nécessaire

касметычка

banquinho

табурэтка

balança

вагі

roupão de banho

лазневы халат

luvas de borracha

санітарныя пальчаткі

absorvente interno

тампон

absorvente íntimo

гігіенічныя пракладкі

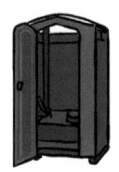

banheiro químico

біятуалет

quarto de criança
дзіцячы пакой

despertador
будзільнік
boneco de pelúcia
мяккая цацка
carrinho de brinquedo
цацачная машынка
chacoalho
бразготка
casa de bonecas
лялечны домік
presente
падарунак

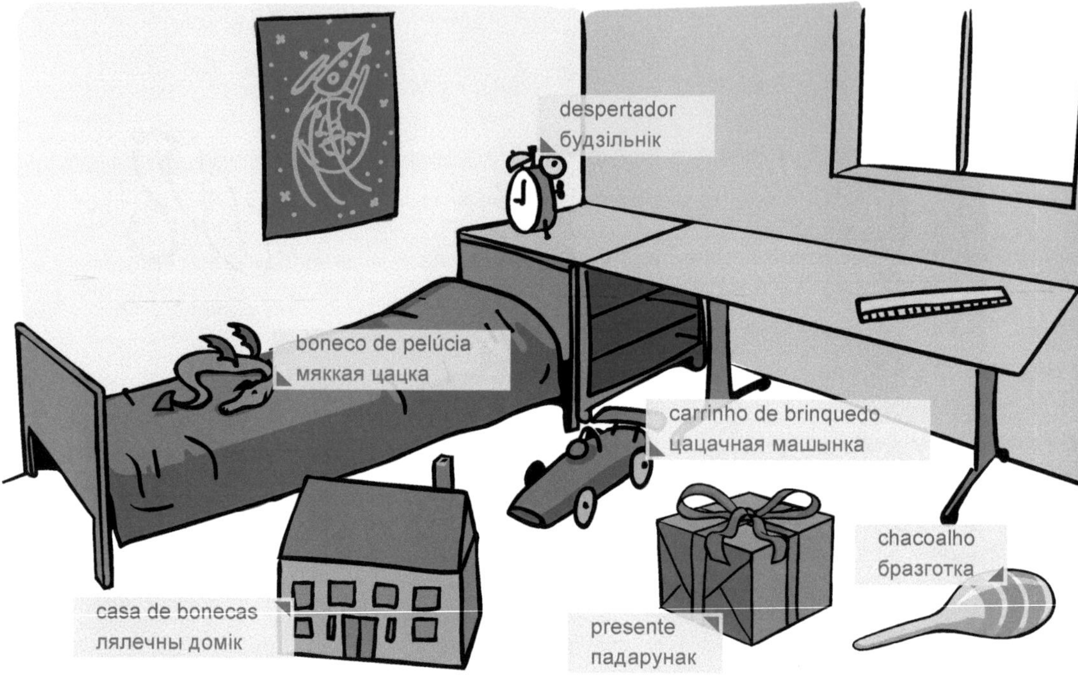

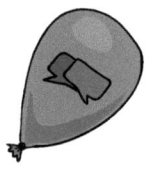

balão

надзіманы шарык

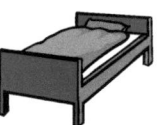

cama

ложак

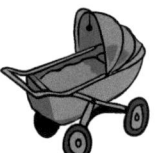

carrinho de bebê

дзіцячая каляска

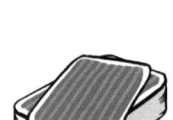

jogo de cartas

калода картаў

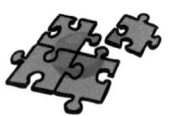

quebra-cabeças

пазл

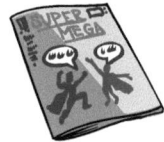

revista de quadrinhos

комікс

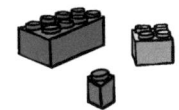

peças de Lego

канструктар "Лега"

blocos de construção

канструктар

figura de ação

экшэн-фігурка

macaquinho de bebê

дзіцячы гарнітур

frisbee

фрызбі

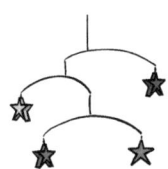

móbile para bebé

дзіцячы мабіль

jogo de tabuleiro

настольная гульня

dados

кубік

trenzinho elétrico

дзіцячая чыгунка

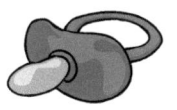

chupeta

пустышка

festa

дзіцячае свята

livro ilustrado

кніга з малюнкамі

bola

мячык

boneca

лялька

brincar

гуляцца

caixa de areia

пясочніца

balanço

арэлі

brinquedos

цацкі

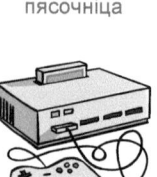

videogame

гульнявая відэа прыстаўка

triciclo

трохколавы ровар

ursinho de pelúcia

плюшавы мішка

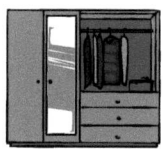

guarda-roupa

шафа

vestuário

адзенне

meias

шкарпэткі

meias pelo joelho

панчохі

meias-calças

калготкі

cachecol
шалік

guarda-chuva
парасон

camiseta
цішотка

cinto
рамень

botas
боты

chinelos
пантоплі

tênis
красоўкі

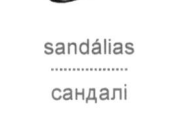
sandálias
сандалі

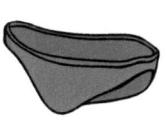
sapatos
абутак

botas de borracha
гумовыя боты

roupa de baixo
трусы

sutiã
бюстгальтар

camiseta de baixo
майка

body

бодзі

calças

штаны

jeans

джынсы

saia

спадніца

blusa

блузка

camisa

кашуля

pulôver

джэмпер

suéter com capuz

талстоўка

blazer

блэйзер

jaqueta

куртка

casaco

паліто

gabardine

дажджавік

traje

касцюм

vestido

сукенка

vestido de casamento

вясельная сукенка

terno

касцюм

camisola

начная сарочка

pijama

піжама

sari

сары

lenço de cabeça

хустка

turbante

цюрбан

burca

паранджа

cafetã

каптан

abaya

Абая

maiô

купальнік

sunga

плаўкі

shorts

шорты

roupa de treino

спартыўны касцюм

avental

фартух

luvas

пальчаткі

botão

гузік

óculos

акуляры

pulseira

бранзалет

colar

каралі

anel

кальцо

brinco

завушніца

boné

кепка

cabide

вешалка

chapéu

капялюш

gravata

гальштук

zíper

маланка

capacete

шлем

suspensórios

падцяжкі

uniforme escolar

школьная форма

uniforme

уніформа

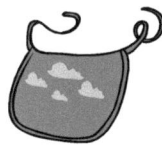

babador

нагруднік

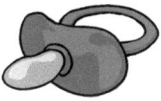

chupeta

пустышка

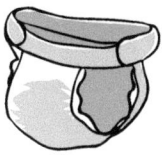

fralda

падгузнік

escritório
офіс

servidor
сервер
armário de arquivos
канцылярская шафа
impressora
прынтэр
papel
папера
monitor
манітор
mouse
мыш
escrivaninha
пісьмовы стол
pasta
тэчка
teclado
клавіятура
cadeira
крэсла
cesto de lixo
смеццевы кошык
computador
кампутар

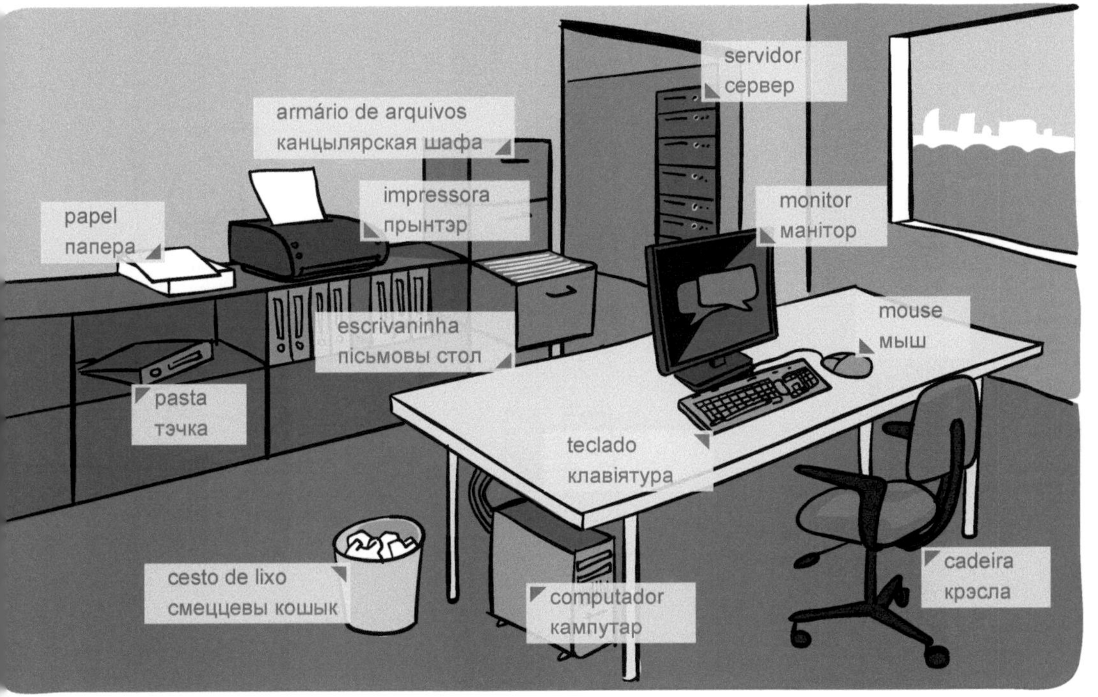

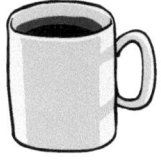

xícara de café

кубак для кавы (філіжанка)

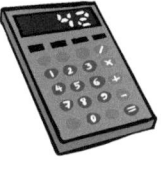

calculadora

калькулятар

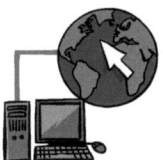

internet

інтэрнэт

laptop
ноўтбук

carta
ліст

mensagem
паведамленне

celular
мабільны тэлефон

rede
сетка

copiadora
ксеракс

software
праграмнае забеспячэнне

telefone
тэлефон

tomada
разетка

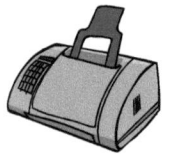

fax
факс

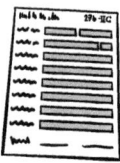

formulário
фармуляр

documento
дакумент

comprar

купляць

pagar

плаціць

negociar

гандляваць

dinheiro

грошы

Dólar

долар

Euro

еўра

Yen

ена

rublo

рубель

franco suíço

франк

renminbi yuan

кітайскі юань

rupia

рупія

caixa eletrônico

банкамат

casa de câmbio

абменны пункт

ouro

золата

prata

срэбра

petróleo

нафта

energia

энергія

preço

цана

contrato

кантракт

imposto

падатак

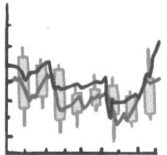

ação

акцыя

trabalhar

працаваць

empregado

служачы

empregador

працадаўца

fábrica

фабрыка

loja

крама

profissões

прафесіі

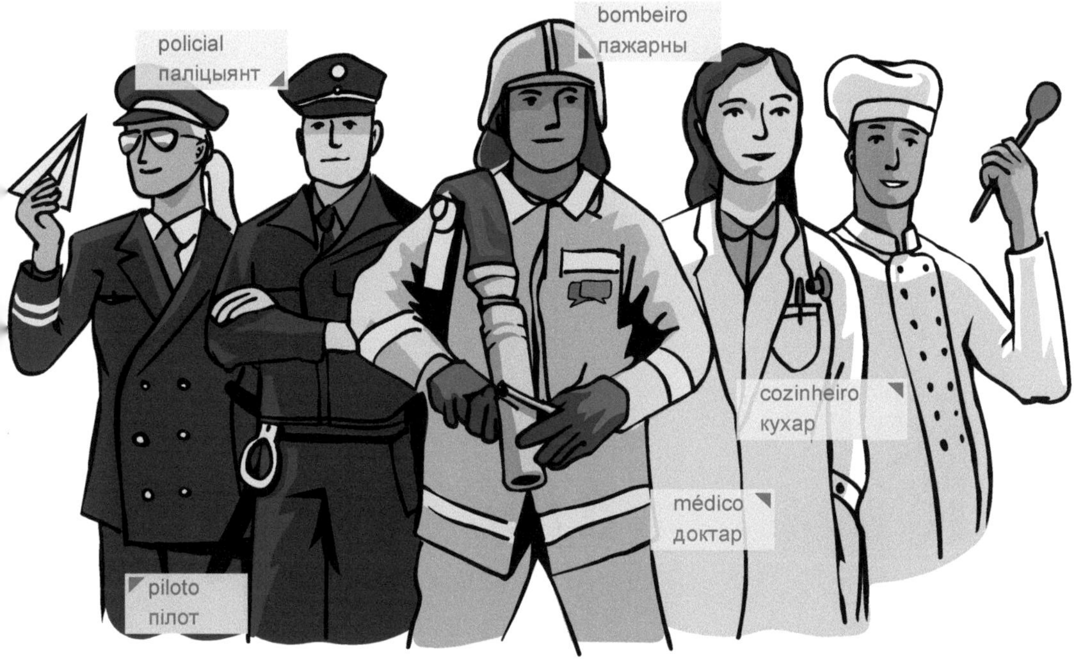
bombeiro
пажарны
policial
паліцыянт
cozinheiro
кухар
médico
доктар
piloto
пілот

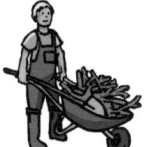

jardineiro

садоўнік

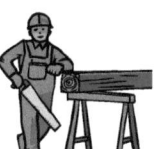

marceneiro

слесар

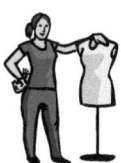

costureira

швачка

juiz

суддзя

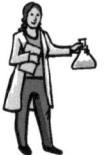

químico

хімік

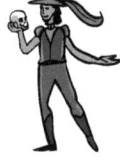

ator

артыст

motorista de ônibus

кіроўца аўтобуса

motorista de táxi

таксіст

pescador

рыбак

faxineira

прыбіральшчыца

telhador

страхар

garçom

афіцыянт

caçador

паляўнічы

pintor

мастак

padeiro

пекар

eletricista

электрык

construtor

будаўнік

engenheiro

інжынер

açougueiro

мяснік

encanador

сантэхнік

carteiro

паштальён

soldado

салдат

arquiteto

архітэктар

caixa

касір

florista

фларыст

cabelereiro

цырульнік

condutor

кандуктар

mecânico

механік

capitão

капітан

dentista

стаматолаг

cientista

вучоны

rabino

рабін

imam

імам

monge

манах

pastor

святар

martelo
малаток

alicate
пласкагубцы

chave de fenda
адвёртка

chave inglesa
гаечны ключ

lanterna
ліхтарык

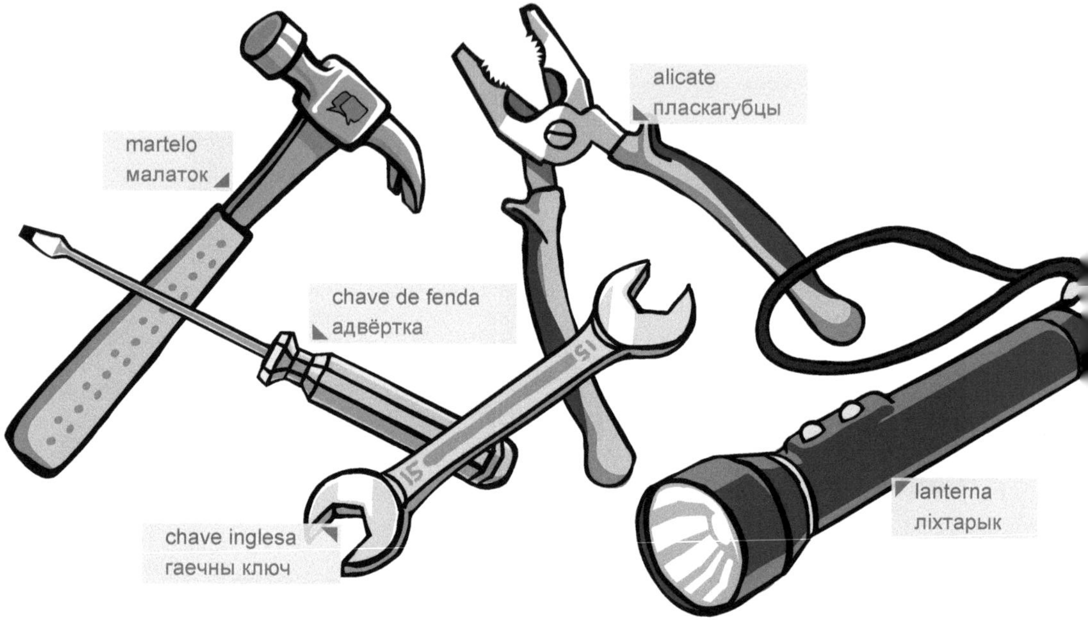

escavadora

экскаватар

caixa de ferramentas

скрыня для інструментаў

escada de mão

дравіны

serra

піла

pregos

цвікі

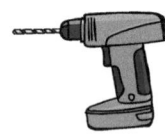

furadeira

дрыль

consertar

рамантаваць

pá

рыдлеўка

Droga!

Халера!

pá de lixo

шуфлік для смецця

pote de tinta

вядро з фарбаю

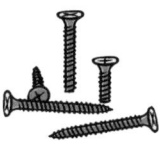

parafusos

балты

instrumentos musicais
музычныя інструменты

bateria
ударны інструмент

alto-falante
калонкі

guitarra
гітара

contrabaixo
кантрабас

trompete
труба

piano

піяніна

violino

скрыпка

baixo

басгітара

timbales

літаўры

tambor

барабан

teclado

клавішны электрамузычны
інструмент

saxofone

саксафон

flauta

флейта

microfone

мікрафон

zoológico

заапарк

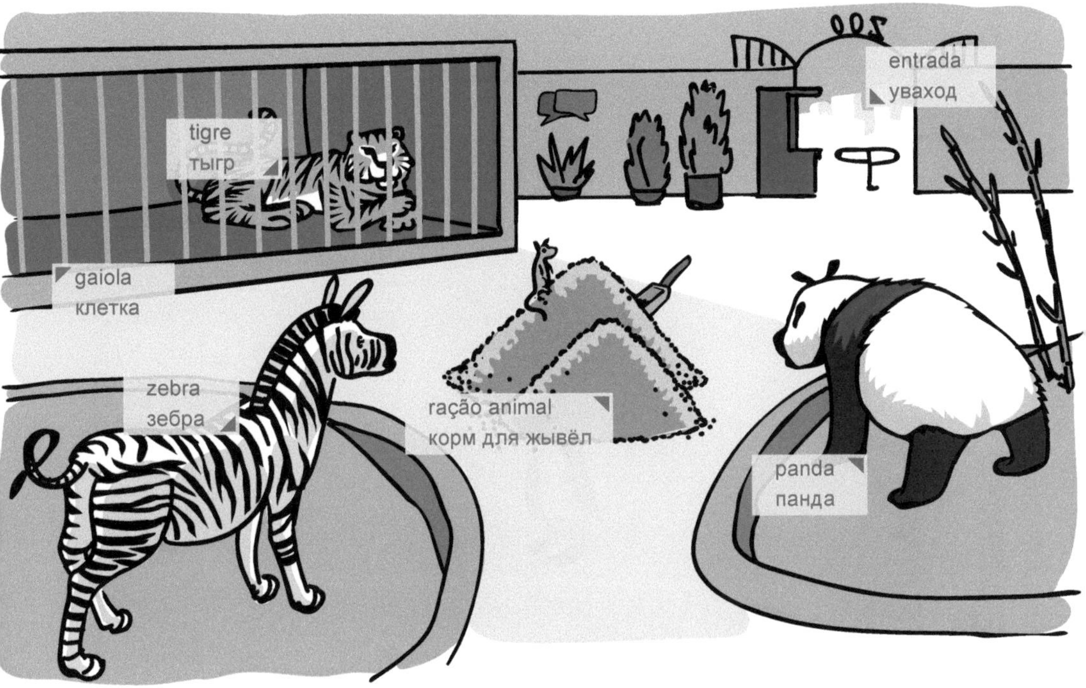

tigre
тыгр
entrada
уваход
gaiola
клетка
zebra
зебра
ração animal
корм для жывёл
panda
панда

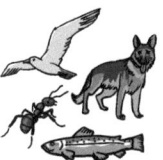

animais
жывёлы

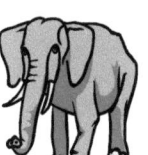

elefante
слон

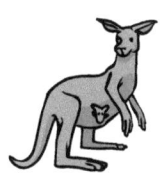

canguru
кенгуру

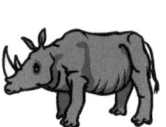

rinoceronte
насарог

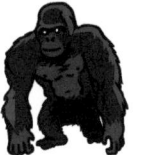

gorila
гарыла

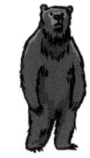

urso
мядзведзь

camelo

вярблюд

avestruz

стравус

leão

леў

macaco

малпа

flamingo

фламінга

papagaio

папугай

urso polar

белы мядзведзь

pinguim

пінгвін

tubarão

акула

pavão

паўлін

cobra

змяя

crocodilo

кракадзіл

guarda do zoológico

наглядчык заапарка

foca

цюлень

jaguar

ягуар

pônei

поні

leopardo

леапард

hipopótamo

бегемот

girafa

жыраф

águia

арол

javali

дзік

peixe

рыбак

tartaruga

чарапаха

morsa

морж

raposa

ліса

gazela

газель

futebol americano
амерыканскі футбол

ciclismo
веласпорт

tênis
тэніс

basquete
баскетбол

natação
плаванне

boxe
бокс

hóquei no gelo
хакей з шайбай

futebol
футбол

badminton
бадмінтон

atletismo
лёгкая атлетыка

handebol
гандбол

esqui
горныя лыжы

polo
пола

atividades
дзейнасць

pular
скакаць
abraçar
абдымаць
rir
смяяцца
andar
ісці
cantar
спяваць
sonhar
марыць
rezar
маліцца
beijar
цалаваць

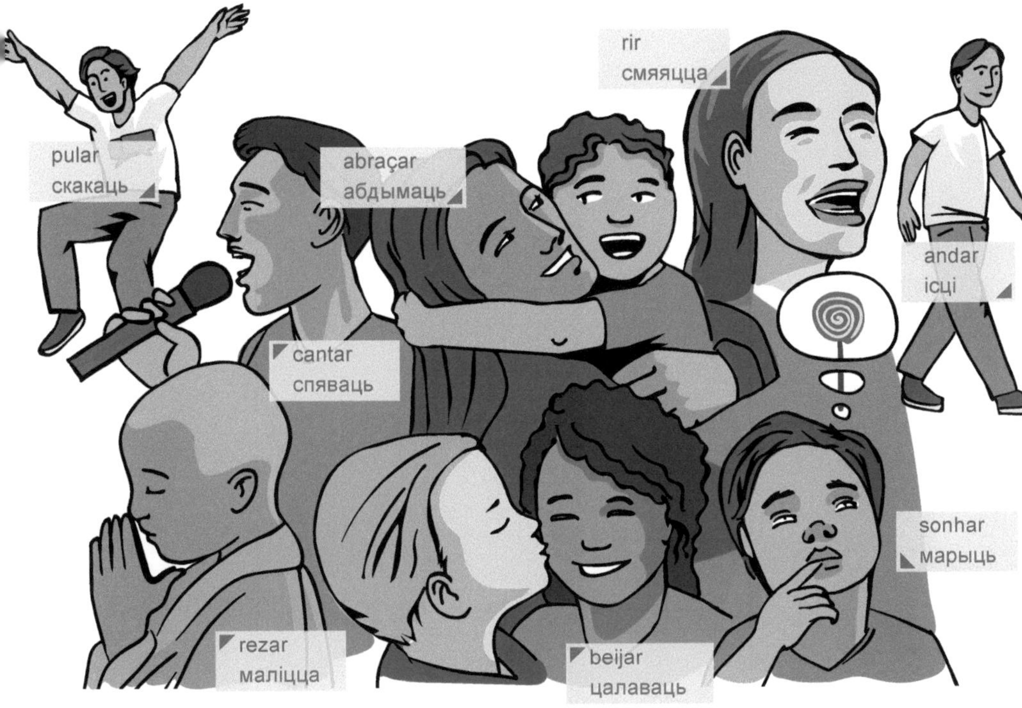

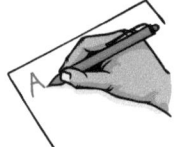

escrever

пісаць

desenhar

маляваць

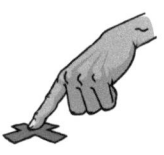

mostrar

паказваць

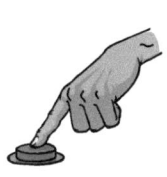

empurrar

націснуць

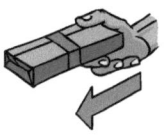

dar

даваць

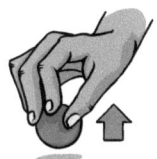

tomar

браць

ter
....
маць

fazer
....
выконваць

ser
....
быць

ficar de pé
....
стаяць

correr
....
бегчы

puxar
....
цягнуць

jogar
....
кідаць

cair
....
падаць

deitar
....
ляжаць

esperar
....
чакаць

carregar
....
насіць

sentar
....
сядзець

vestir
....
апранацца

dormir
....
спаць

despertar
....
прачынацца

olhar para

глядзець

chorar

плакаць

acariciar

лашчыць

pentear

прычэсвацца

falar

гаварыць

entender

разумець

perguntar

пытаць

ouvir

чуць

beber

піць

comer

есці

arrumar

прыбіраць

amar

кахаць

cozinhar

гатаваць

dirigir

ехаць

voar

лятаць

velejar

плаваць пад ветразем

calcular

лічыць

ler

чытаць

aprender

вучыць

trabalhar

працаваць

casar

уступаць у шлюб

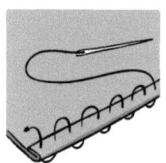

costurar

шыць

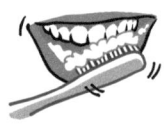

escovar os dentes

чысціць зубы

matar

забіваць

fumar

курыць

enviar

пасылаць

família

сям'я

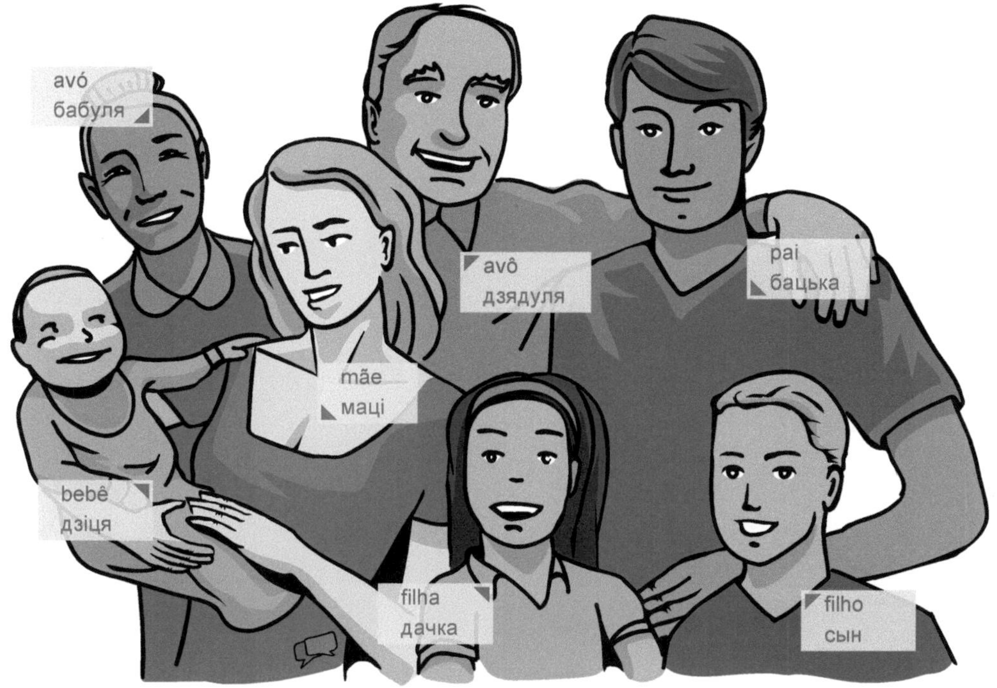

avó
бабуля
avô
дзядуля
pai
бацька
mãe
маці
bebê
дзіця
filha
дачка
filho
сын

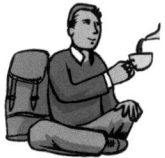

convidado

госць

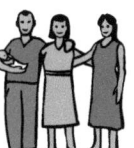

tia

цётка

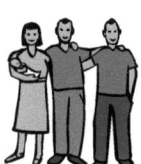

tio

дзядзька

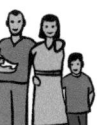

irmão

брат

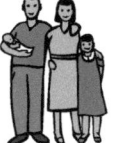

irmã

сястра

corpo

цела

testa
лоб
olho
вока
ombro
плячо
dedo
палец
rosto
твар
queixo
падбародак
mão
рука
perna
нага
peito
грудзі
braço
рука

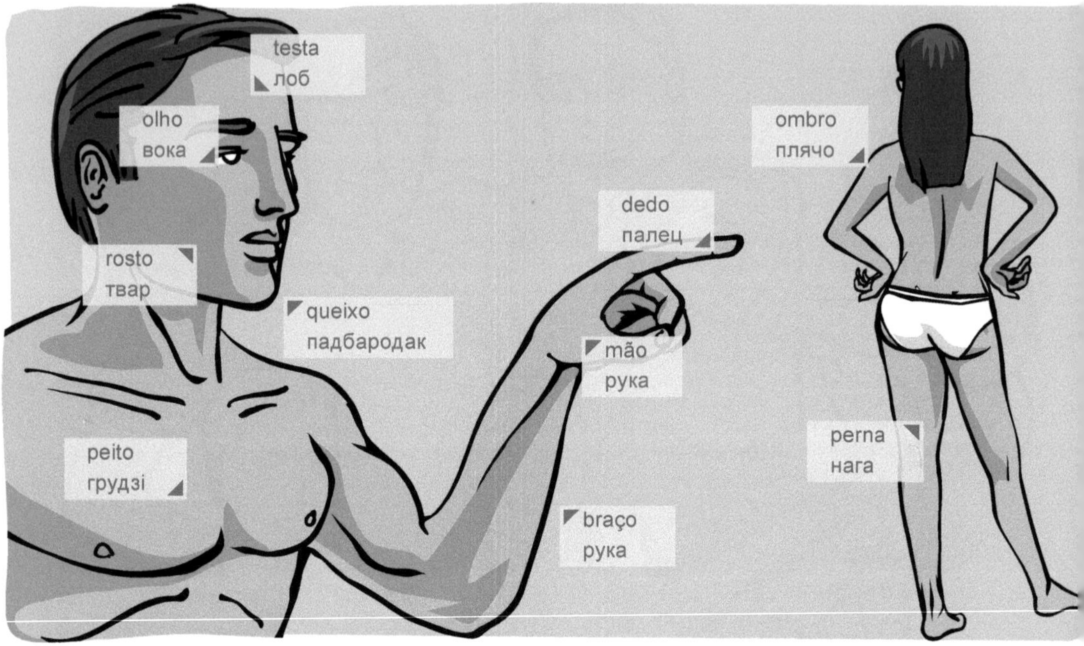

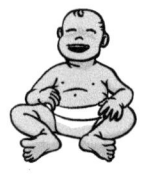

bebê

дзіця

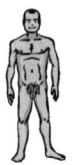

homem

мужчына

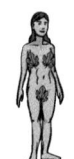

mulher

жанчына

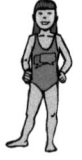

menina

дзяўчынка

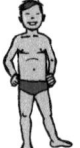

menino

хлопчык

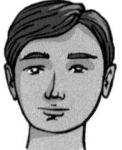

cabeça

галава

costas

спіна

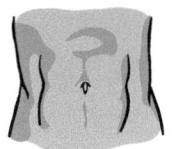

barriga

жывот

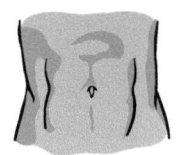

umbigo

пуп

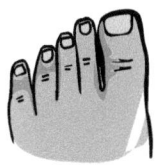

dedo do pé

палец нагі

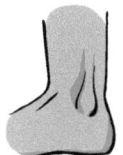

calcanhar

пятка

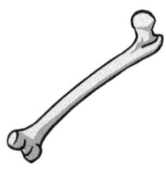

osso

костка

anca

бядро

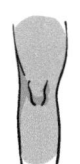

joelho

калена

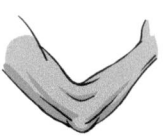

cotovelo

локаць

nariz

нос

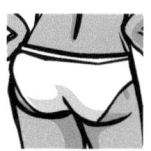

nádegas

ягадзіца

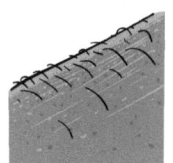

pele

скура

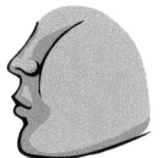

bochecha

шчака

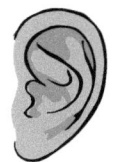

orelha

вуха

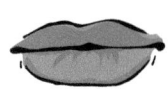

lábio

губа

boca

рот

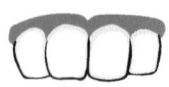

dente

зуб

língua

язык

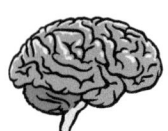

cérebro

галаўны мозг

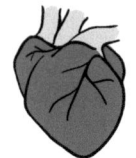

coração

сэрца

músculo

мышца

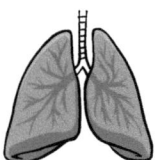

pulmão

лёгкае

fígado

пячонка

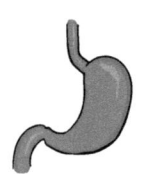

estômago

страўнік

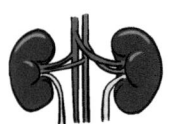

rins

ныркі

relações sexuais

сэкс

preservativo

прэзерватыў

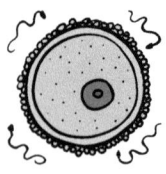

óvulo

яйцаклетка

esperma

сперма

gravidez

цяжарнасць

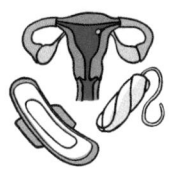

menstruação

менструацыя

vagina

похва

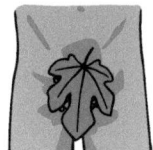

pênis

пеніс

sobrancelha

брыво

cabelo

валасы

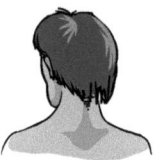

pescoço

шыя

hospital

шпіталь

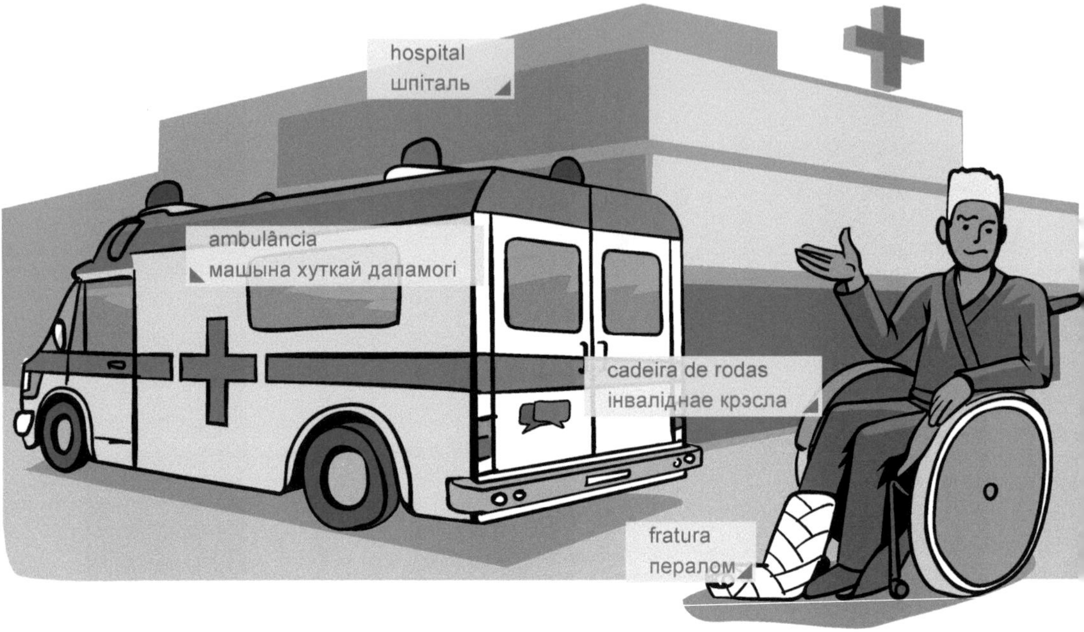

hospital
шпіталь
ambulância
машына хуткай дапамогі
cadeira de rodas
інваліднае крэсла
fratura
пералом

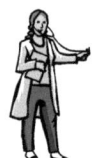

médico

доктар

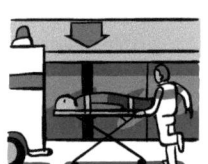

pronto-socorro

аддзяленне першай дапамогі

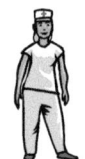

enfermeira

медсястра

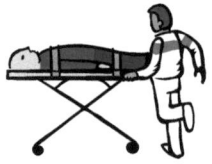

emergência

экстраная дапамога

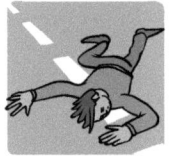

inconsciente

непрытомны

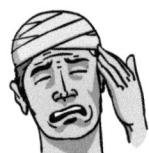

dor

боль

ferimento

траўма

hemorragia

крывацёк

ataque cardíaco

інфаркт

acidente vacular cerebral

апаплексія

alergia

алергія

tosse

кашаль

febre

гарачка

gripe

грып

diarreia

панос

dor de cabeça

галаўны боль

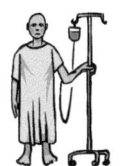

câncer

рак

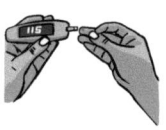

diabetes

дыябет

cirurgião

хірург

bisturi

скальпель

operação

аперацыя

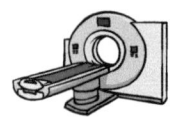

CT
....
КТ

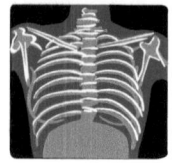

raio x
....
рэнтген

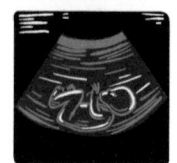

ultrassom
....
ультрагук

máscara
....
маска

doença
....
хвароба

sala de espera
....
пачакальня

muleta
....
мыліца

bandeide
....
пластыр

ligadura
....
бінт

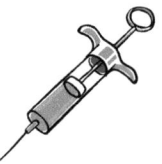

injeção
....
ін'екцыя

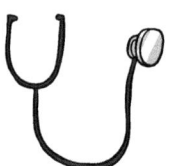

estetoscópio
....
стэтаскоп

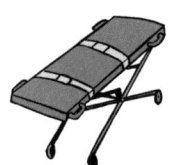

maca
....
насілкі

termômetro
....
градуснік

nascimento
....
нараджэнне

excesso de peso
....
лішняя вага

aparelho auditivo

слухавы апарат

desinfetante

дэзінфекцыйны сродак

infecção

інфекцыя

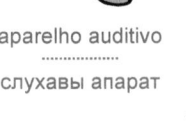

vírus

вірус

HIV / AIDS

ВІЧ/СНІД

medicamento

лекі

vacinação

прышчэпка

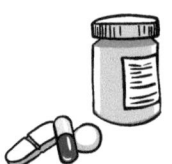

comprimidos

таблеткі

pílula

супрацьзачаткавая таблетка

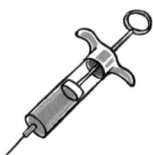

chamada de emergência

экстраны выклік

dispositivo de medição de pressão arterial

танометр

doente / saudável

хворы / здаровы

Socorro!

Ратуйце!

alarme

сігналізацыя

assalto

напад

ataque

атака

perigo

небяспека

saída de emergência

аварыйны выхад

Fogo!

Пажар!

extintor de incêndios

вогнетушыцель

acidente

аварыя

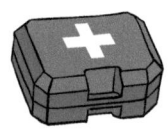

maleta de primeiros
socorros

аптэчка

SOS

СОС

polícia

паліцыя

Europa

Еўропа

América do Norte

Паўночная Амерыка

América do Sul

Паўднёвая Амерыка

África

Афрыка

Ásia

Азія

Austrália

Аўстралія

Atlântico

Атлантычны акіян

Pacífico

Ціхі акіян

Oceano Índico

Індыйскі акіян

Oceano Antártico

Паўднёвы ледавіты акіян

Oceano Ártico

Паўночны ледавіты акіян

Polo Norte

Паўночны полюс

Polo Sul

Паўднёвы полюс

Antártica

Антарктыда

Terra

Зямля

terra

краіна

mar

мора

ilha

востраў

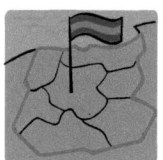

nação

нацыя

estado

дзяржава

mostrador do relógio

цыферблат

ponteiro das horas

гадзінная стрэлка

ponteiro dos minutos

хвілінная стрэлка

ponteiro dos segundos

секундная стрэлка

Que horas são?

Колькі часу?

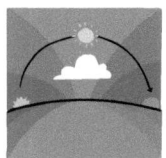

dia

дзень

tempo

час

agora

зараз

relógio digital

электронны гадзіннік

minuto

хвіліна

hora

гадзіна

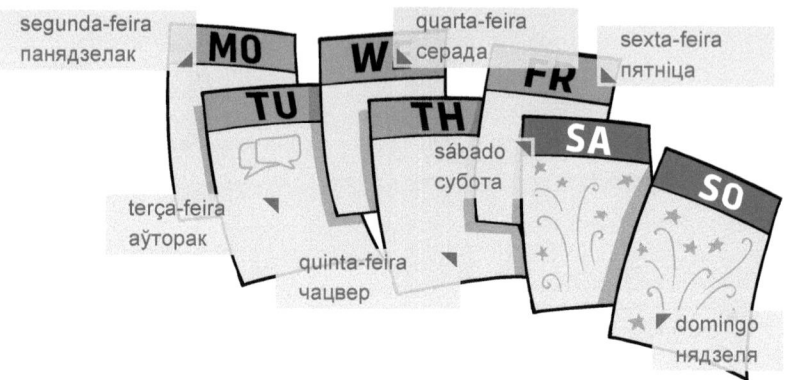

segunda-feira
панядзелак

quarta-feira
серада

sexta-feira
пятніца

terça-feira
аўторак

sábado
субота

quinta-feira
чацвер

domingo
нядзеля

ontem
ўчора

hoje
сёння

amanhã
заўтра

manhã
раніца

meio-dia
абед

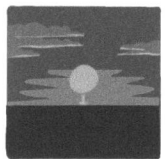

entardecer
вечар

dias úteis
працоўныя дні

fim de semana
выхадныя

ano

год

chuva
дождж
arco-íris
вясёлка
neve
снег
vento
вецер
primavera
вясна
outono
восень
verão
лета
inverno
зіма

4.APRIL 11°
5.APRIL 4°
6.APRIL 13°
7.APRIL 8°
8.APRIL 10°

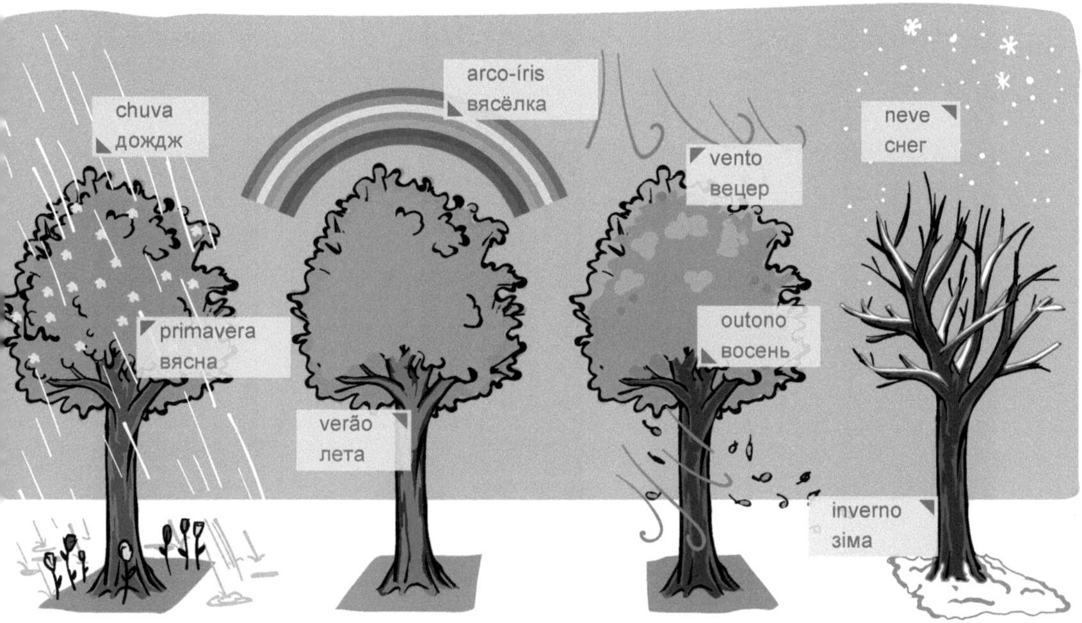

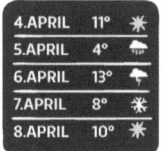

previsão do tempo

прагноз надвор'я

F C
120 40
90 30
60 20
30 10
0 0
-30 -10
-20

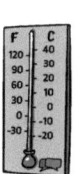

termômetro

градуснік

raio de sol

сонечнае святло

nuvem

воблака

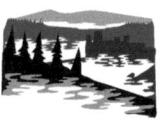

neblina / nevoeiro

туман

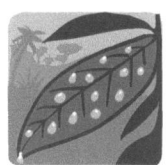

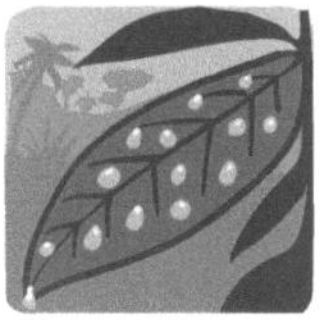

umidade do ar

вільготнасць паветра

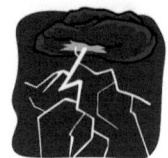

relâmpago

маланка

trovão

гром

tempestade

бура

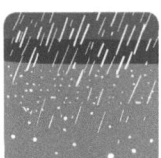

granizo

град

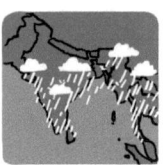

monção

мусонны вецер

inundação

прыліў

gelo

лёд

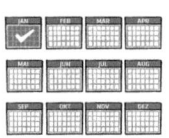

janeiro

студзень

fevereiro

люты

março

сакавік

abril

красавік

maio

май

junho

чэрвень

julho

ліпень

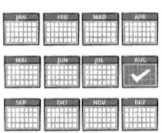

agosto

жнівень

ano - год

setembro
....
верасень

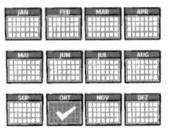

outubro
....
кастрычнік

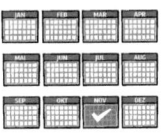

novembro
....
лістапад

dezembro
....
снежань

formas
формы

círculo
....
круг

quadrado
....
квадрат

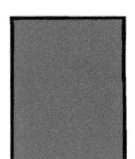

retângulo
....
прамавугольнік

triângulo
....
трохвугольнік

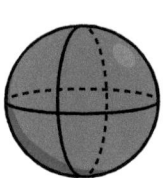

esfera
....
шар

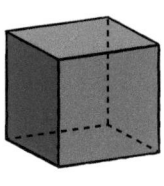

cubo
....
куб

branco

белы

amarelo

жоўты

laranja

аранжавы

rosa

ружовы

vermelho

чырвоны

lilás

фіялетавы

azul

сіні

verde

зялёны

marrom

карычневы

cinza

шэры

preto

чорны

muito / pouco

шмат / мала

furioso / tranquilo

злы / добры

lindo / feio

прыгожы / брыдкі

começo / fim

пачатак / канец

grande / pequeno

высокі / малы

claro / escuro

светлы / цёмны

irmão / irmã

сястра / брат

limpo / sujo

чысты / брудны

completo / incompleto

поўны / няпоўны

dia / noite

дзень / ноч

morto / vivo

мёртвы / жывы

largo / estreito

шырокі / вузкі

comestível / não comestível

ядомы / неядомы

mau / gentil

злы / добры

entusiasmado / entediado

узбуджаны / нудны

gordo / magro

тоўсты / тонкі

primeiro / último

першы / апошні

amigo / inimigo

сябар / вораг

cheio / vazio

поўны / пусты

duro / macio

цвёрды / мяккі

pesado / leve

важкі / лёгкі

fome / sede

голад / смага

doente / saudável

хворы / здаровы

ilegal / legal

нелегальны / легальны

inteligente / idiota

разумны / дурны

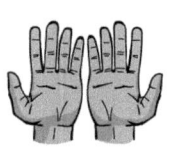

esquerda / direita

левы / правы

perto / longe

побач / далёка

novo / usado

новы / былы ва ўжыванні

nada / alguma coisa

нічога / нешта

velho / jovem

стары / малады

ligado / desligado

укл / выкл

aberto / fechado

адчынены / зачынены

baixo / alto

ціхі / гучны

rico / pobre

багаты / бедны

certo / errado

правільна / няправільна

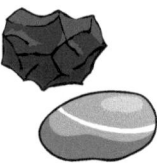

áspero / liso

шурпаты / гладкі

triste / feliz

сумны / шчаслівы

curto / longo

кароткі / доўгі

lento / rápido

павольны / хуткі

molhado / seco

вільготны / сухі

ameno / fresco

цёплы / халаднаваты

guerra / paz

вайна / мір

0

zero

нуль

1

um

адзін

2

dois

два

3

três

тры

4

quatro

чатыры

5

cinco

пяць

6

seis

шэсць

7

sete

сем

8

oito

восем

9

nove

дзевяць

10

dez

дзесяць

11

onze

адзінаццаць

12

doze

дванаццаць

13

treze

трынаццаць

14

quatorze

чатырнаццаць

15

quinze

пятнаццаць

16

dezesseis

шаснаццаць

17

dezessete

сямнаццаць

18

dezoito

васямнаццаць

19

dezenove

дзевятнаццаць

20

vinte

дваццаць

100

cem

сто

1.000

mil

тысяча

1.000.000

milhão

мільён

inglês

англійская

inglês americano

англійская (Амерыка)

chinês mandarim

кітайская мандарынская

hindi

хіндзі

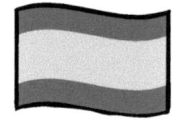

espanhol

іспанская

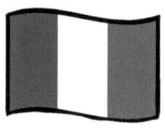

francês

французская

árabe

арабская

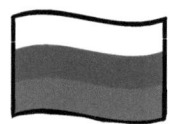

russo

руская

português

партугальская

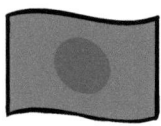

bengalês

бенгальская

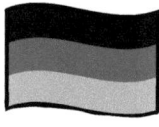

alemão

нямецкая

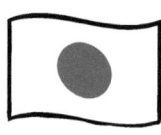

japonês

японская

eu

я

você

ты

ele / ela

ён / яна / яно

nós

мы

vocês

вы

eles / elas

яны

quem?

хто?

O quê?

што?

como?

як?

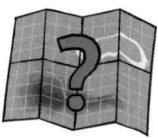

onde?

дзе?

Quando?

калі?

nome

імя

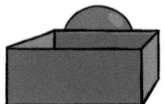

atrás

за

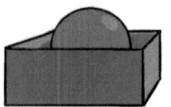

em

у

na frente de

перад

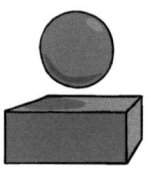

sobre

над

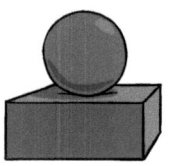

em cima

на

debaixo

пад

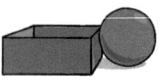

do lado

каля

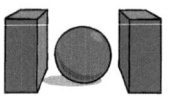

entre

паміж

lugar

месца